Este libro pertenece a:

_____

This book belongs to:

Castelli, Jeanette
    Los gatos en la Luna = The cats on the Moon / Jeanette Castelli; ilus-
traciones Andrea Santana. -- Bogotá : Panamericana Editorial, 2005.
    52 p. ; 26 cm. – (Colección bilingüe)
    ISBN 958-30-1767-1
    1. Cuentos infantiles estadounidenses 2. Animales - Cuentos infantiles
3. Gatos - Cuentos infantiles 4. Inglés - Enseñanza - Libros de lectura
I. Santana, Andrea, il. II The cats on the Moon III. Tít. IV. Serie
I863.6 cd 19 ed.
AJD7274

           CEP-Banco de la República-Biblioteca Luis Ángel Arango

Los gatos en la Luna
The Cats on the Moon

Editor
Panamericana Editorial Ltda.

Edición
Mónica Montes Ferrando

Ilustraciones
Andrea Santana

Diagramación y diseño de cubierta
® Marca Registrada Diseño Gráfico Ltda.

Primera edición en Panamericana Editorial Ltda, noviembre de 2005

© Jeanette Castelli
© Panamericana Editorial Ltda.
Calle 12 No. 34-20 Tels.: 3603077 - 2770100
Fax: (57 1) 2373805
Correo electrónico: panaedit@panamericanaeditorial.com
www.panamericanaeditorial.com
Bogotá D. C., Colombia

ISBN 958-30-1767-1

Impreso por Panamericana Formas e Impresos S.A.
Calle 65 No. 95-28. Tels.: 4302110 - 4300355. Fax: (57 1) 2763008
Bogotá D. C., Colombia
Quien sólo actúa como impresor.

Impreso en Colombia   Printed in Colombia

Los gatos en la Luna
The Cats on the Moon

Jeanette Castelli

Ilustraciones
Andrea Santana

PANAMERICANA
EDITORIAL

Había una vez tres gatos.
Uno blanco, uno negro y uno gris.

Once upon a time, there were three cats. One white, one black and one gray.

Siempre jugaban y se reunían para comer y hablar.

They always got together to play, to eat and to talk.

—Quiero ir a la Luna —dijo el gato negro.
—Yo también —dijo el gato blanco.
—Y yo —dijo el gato gris.

"I want to go to the Moon,"
said the black cat.
"Me too," said the white cat.
"And me," said the gray cat.

—Necesitamos un cohete para llegar a la Luna —dijo el gato blanco.

"We need a rocket
to reach the Moon,"
said the white cat.

Y así empezaron a construir el cohete.

*A*nd so they started
building the rocket.

Todos los días y todas las noches trabajaban en construir el cohete.

*E*very day and every night, they worked at building the rocket.

Un día, uno de los perros
del barrio los vio trabajando.
—¿Qué hacen? —preguntó el
perro pequeño.

One day, one of the dogs from the neighborhood saw the cats working. "What are you doing?" asked the small dog.

—Construimos un cohete
para ir a la Luna —respondió
el gato negro.
—Sí, un cohete que viaje por
el espacio —dijo el gato gris.
—Un cohete muy poderoso
capaz de volar por el cielo
—dijo el gato blanco.

"We are building a
rocket to go to the Moon,"
answered the black cat.
"Yes, a rocket that
travels through space,"
said the gray cat.
"A powerful rocket
able to fly
in the sky," said
the white cat.

—¿**P**uedo ayudar?
—preguntó el pequeño perro.
—Sí —respondieron los gatos.

"Can I help?"
asked the small dog.
"Yes," said the cats.

El pequeño perro llamó a sus amigos y pronto muchos perros estaban ayudando a los gatos.

The small dog called all of his
friends and soon lots of dogs
were helping the cats.

Finalmente terminaron el cohete.
—Buen trabajo —dijo el gato blanco.
—Buen trabajo —dijeron los perros.

*F*inally, they finished the rocket.
"Good job," said the white cat.
"Good job," said the dogs.

—Empaquemos para el viaje —dijo el gato gris. —Necesitamos comida —dijo el gato blanco. —Y necesitamos agua —dijo el gato negro.

"**L**et´s pack for the trip,"
said the gray cat.
"We need food," said the white cat.
"And we need water," said the black cat.

Y así empacaron
para el viaje.

And so they packed for the trip.

Al día siguiente muy temprano en la mañana los gatos y los perros se reunieron alrededor del cohete, para el despegue.

Very early the next morning
the cats and the dogs
met around the rocket
for the take-off.

El conteo empezó...
Diez, nueve, ocho, siete, seis,
cinco, cuatro, tres, dos, uno...
El cohete despegó, dejando
una nube de humo.

The countdown started...
Ten, nine, eight, seven, six,
five, four, three, two, one...
The rocket took off,
leaving smoke behind.

—Viva —gritaron los
perros felices.
—¡Viva! —gritaron los gatos
dentro del cohete.

"*H*urray!" the dogs
shouted happily.
"Hurray!"
the cats screamed
inside the rocket.

Cuando estaban en el espacio, los gatos comieron, y miraron por las ventanas del cohete.

—Hay muchas estrellas en el cielo —dijo el gato gris.

—Nuestro planeta Tierra se ve muy pequeño —dijo el gato blanco.

—Aún tengo hambre —dijo el gato negro.

Once in space, the cats ate and looked
through the windows of the rocket.
"There are so many stars in the sky,"
said the gray cat.
"Our planet Earth looks so small,"
said the white cat.
"I´m still hungry," said the black cat.

Los gatos llegaron
a la Luna y se
bajaron del cohete.

*T*he cats arrived to the Moon and got out of the rocket.

—Qué frío hace —dijo el gato blanco.
—Qué oscuro está —dijo el gato gris.
—Qué hambre tengo —dijo el gato negro.

"It is too cold," said the white cat. "It is too dark," said the gray cat. "I am very hungry," said the black cat.

Los tres gatos se miraron y dijeron, "¡Vamos a casa!". Subieron al cohete y volaron de regreso.

The three cats looked at each other and said, "Let's go home!" And they returned to the rocket and flew back home.

Los perros
los esperaban.

*T*he dogs
were waiting
for them.

—¡Viva!, los gatos
regresaron —gritaban
los perros dándoles
la bienvenida.

"**H**urray! The cats are back," said the dogs as they welcomed them.

—Lo logramos, fuimos a la Luna, pero preferimos estar en casa —dijo el gato blanco. Esa noche todos comieron y celebraron juntos mirando la Luna.

"**W**e did it! We went to the Moon, but we prefer to be home," said the white cat. That night they all ate and celebrated together while watching the Moon.

Fin
The end

Jeanette Castelli es una autora, conferencista y entrenadora en Estrategias de Vida. Su educación incluye un Master en Psicología y un MBA. Ha escrito varios libros de autoayuda disponibles internacionalmente. Los Gatos en la Luna es su primer libro infantil. Jeanette tiene una preciosa gatita blanca, llamada Aspen, que se sienta al lado de su computador cuando escribe. Para más información sobre la autora visite http://www.JeanetteCastelli.com/

Jeanette Castelli is an author, speaker and Life Strategies coach. Her education includes a Master of Psychology and an MBA. She has written self-help books that are available internationally. The Cats on the Moon is her first children's book. Jeanette has a beautiful white cat named Aspen that sits next to her computer when she writes. For more information about the author visit http://www.JeanetteCastelli.com/